Dieter Glogowski

NEPAL

Wo Shiva auf Buddha trifft

Bruckmann

Als Mensch geboren zu sein ist ein seltenes Geschick, und wir sollten diese kostbare Gelegenheit so weise, geschickt und heilsam wie möglich nutzen.

DER 14. DALAI LAMA

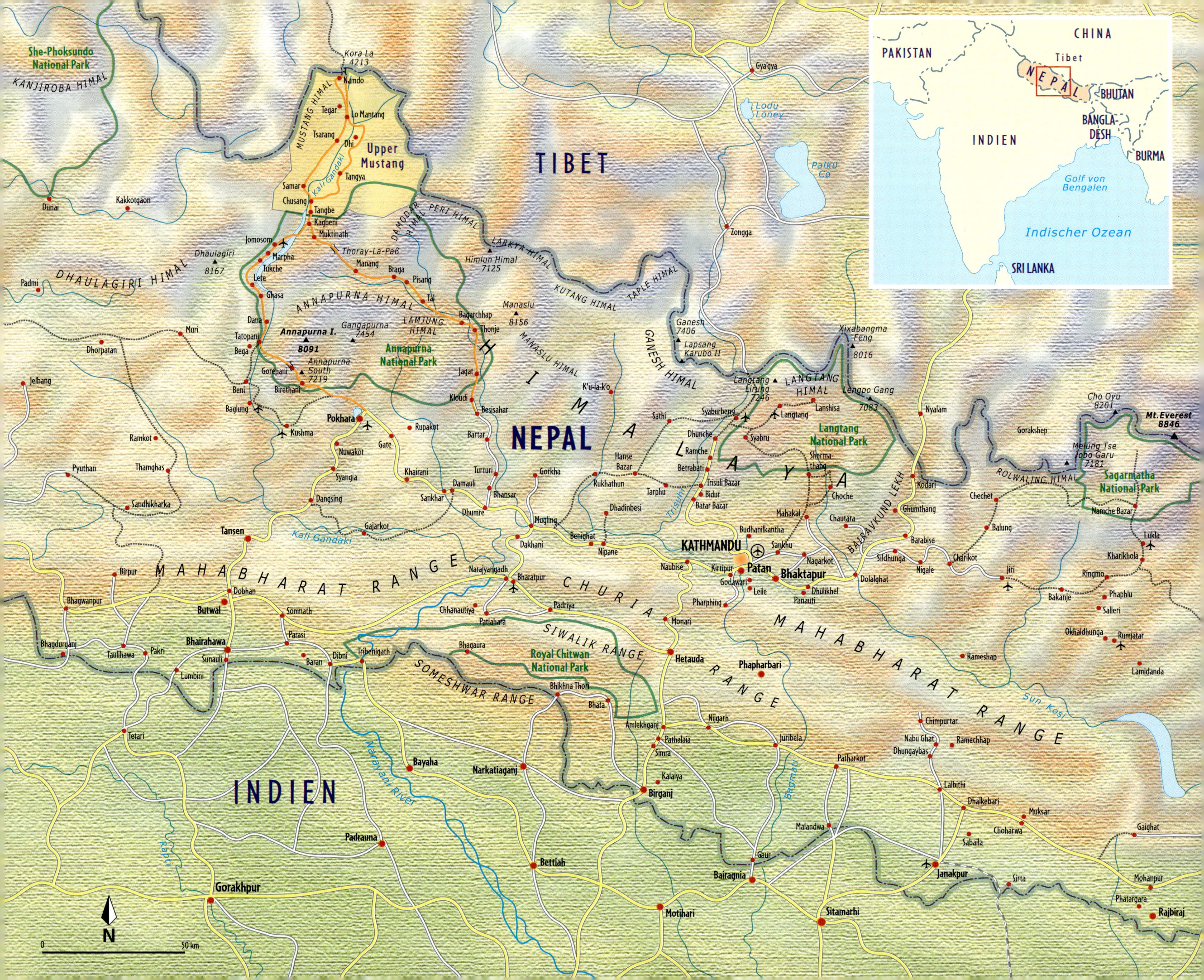
TIBET
NEPAL
INDIEN
HIMALAYA
She-Phoksundo National Park
KANJIROBA HIMAL
Kora La 4213
Namdo
Tegar
Lo Mantang
Tsarang
Dhi
Upper Mustang
MUSTANG HIMAL
Kali Gandaki
Samar
Tangya
Chusang
Tangbe
Kagbeni
Muktinath
Jomosom
Marpha
Tukche
Lete
Ghasa
Dana
Tatopani
Bega
Thoray-La-Paß
Manang
Braga
Pisang
Tal
DAMODAR HIMAL
PERI HIMAL
Himlun Himal 7125
LARKYA HIMAL
KUTANG HIMAL
TAPLE HIMAL
Dhaulagiri 8167
DHAULAGIRI HIMAL
ANNAPURNA HIMAL
LAMJUNG HIMAL
Annapurna I. 8091
Gangapurna 7454
Annapurna South 7219
Annapurna National Park
Manaslu 8156
MANASLU HIMAL
Bagarchhap
Thonje
Jagat
Kloudi
Besisahar
Gorepani
Birethanti
Beni
Baglung
Kushma
Pokhara
Gate
Rupakot
Bartar
Nuwakot
Syangia
Dangsing
Khairani
Damauli
Sankhar
Turturi
Bhansar
Dhumre
Gorkha
Mugling
Dakhani
Benighat
Nipane
Dhadinbesi
Rukhathun
Hanse Bazar
Tarphu
K'u-la-k'o
GANESH HIMAL
Ganesh 7406
Lapsang Karubo II
Xixabangma Feng 8016
Langtang Lirung 7246
LANGTANG HIMAL
Lengpo Gang 7083
Langtang
Lanshisa
Syabru
Syaburbensi
Dhunche
Ramche
Betrabati
Langtang National Park
Sherma-thang
Trisuli Bazar
Bidur
Batar Bazar
Trisuli
Sathi
Choche
Mahakal
Chautara
Budhanilkantha
KATHMANDU
Patan
Bhaktapur
Sankhu
Nagarkot
Kirtipur
Godawari
Leile
Dhulikhel
Panauti
Dolalghat
Pharphing
Naubise
Monari
BAIRAVKUND LEKH
Nyalam
Kodari
Ghumthang
Barabise
Sildhunga
Nigale
Charikot
Chechet
Balung
Jiri
Gyaʼgya
Lodu Loney
Palku Co
Zongga
Dunai
Kakkotgaon
Padmi
Muri
Dhorpatan
Jelbang
Ramkot
Thamghas
Pyuthan
Sandhikharka
Gajarkot
Kali Gandaki
Tansen
Birpur
MAHABHARAT RANGE
Dobhan
Bhagwanpur
Butwal
Somnath
Bhairahawa
Parasi
Sunauli
Baran
Dibni
Tribenighat
Lumbini
Pakri
Taulihawa
Bhagdurganj
Narayangadh
Bharatpur
Padriya
Chhanautiya
Patiahara
CHURIA
SIWALIK RANGE
Bhagaura
Royal Chitwan National Park
SOMESHWAR RANGE
Bhikhna Thori
Bhata
Hetauda
Phapharbari
RANGE
MAHABHARAT RANGE
Amlekhganj
Nijgarh
Pathalaia
Simra
Kalaiya
Juribela
Birganj
Bagmati
Patharkot
Chimpurtar
Nabu Ghat
Ramechhap
Dhungaybas
Rameshap
Sun Kosi
Tetari
Narayani River
Bayaha
Narkatiaganj
Padrauna
Bettiah
Rapti
Gorakhpur
Motihari
Bairagnia
Gaur
Malandwa
Sitamarhi
Janakpur
Lalbithi
Dhalkebari
Muksar
Choharwa
Sabaila
Sirta
Gaighat
Mohanpur
Phatargara
Rajbiraj
Gorakshep
Cho Oyu 8201
Mt. Everest 8846
Melung Tse Jobo Garu 7181
ROLWALING HIMAL
Sagarmatha National Park
Namche Bazar
Lukla
Kharikhola
Ringmo
Phaplu
Salleri
Bakanje
Okhaldhunga
Rumjatar
Lamidanda
N
0
50 km
PAKISTAN
CHINA
Tibet
NEPAL
BHUTAN
BANGLA-DESH
INDIEN
BURMA
Golf von Bengalen
Indischer Ozean
SRI LANKA

Inhalt

Ich glaube noch immer nicht, dass ich sterben muss, aber ich weiß es«, meinte Elias Canetti einmal. Warum mir dieser Satz gerade jetzt in den Sinn kommt, wo ich auf dem Weg von München nach Frankfurt zu Dieter Glogowski bin? Der ICE ist völlig ausgebucht, nur in der ersten Klasse bieten sich noch edle Refugien der Ein- und Zweisamkeit.

»Deutschland«, sang – ausgerechnet – Rio Reiser vor vielen Jahren, »ist ein schönes Land«, und fast möchte man es ihm glauben, wenn man die abwechslungreiche Natur entlang der Bahntrasse sieht, die Wiesen und Felder, die kleinen Ortschaften, die vereinzelt am Waldrand stehenden Häuser. Rio Reiser meinte die Nachtseite der Republik, in der Traum und Wirklichkeit sich vermischen – aber auch jetzt am Tag hätte die Landschaft ihren Reiz: wenn man denn einen Blick dafür hätte. Hinter mir sitzen zwei nicht mehr ganz so junge Jung-Manager im dezenten Unternehmensberaterchic, gemütlich in die weichen Sitzpolster zurückgelehnt, die Marlboro light mit dem silbernen Feuerzeug neben den ausgebreiteten Wirtschaftsteilen der Weltpresse, und beklagen sich lautstark über den mangelnden Service, das schmutzige Abteil und darüber, dass man hier wegen der vielen Unebenheiten auf der Strecke noch nicht einmal in Ruhe lesen könne. Da habe »der Mehdorn« aber noch viel zu tun, meint der eine, unwirsch von den internationalen Börsennotierungen aufblickend, als könne der Aufsichtsratsvorsitzende der Deutschen Bundesbahn AG mal so eben Kurven begradigen und auch sonst alle Unwägbarkeiten der Natur, von denen seine Kundschaft sich belästigt fühlt, mit einer Handbewegung beseitigen. Der Glaube an die Allmacht des betriebswirtschaftlichen Willens passt gut zu den beiden Geschäftsreisenden, die wir uns zweifellos als »moderne« Menschen vorstellen müssen: *always busy, always tough.* Zwanzig Jahre später mag es ihnen dann so ergehen wie jenem noch gar nicht so alten Alt-Manager, der zwei Reihen weiter vorn sitzt und kaum aufsieht von seinem Buch, bis er es schließlich doch, müde geworden, zur Seite legt und der Titel sichtbar wird: »Auf der Suche nach Sinn«.

Auch der im Jahr 1956 in Frankfurt geborene Dieter Glogowski ist ein »moderner« Mensch, glaubt man dem Porträt, das Peter Weinert für eine entsprechende Reihe des Hessischen Fernsehens aufgezeichnet hat. Überschrieben ist es mit der ebenso einprägsamen wie treffenden Zeile »Der Wanderer zwischen den Welten«, und tatsächlich bewegt sich Dieter Glogowski, der nach dem Abitur als Pressefotograf bei einer Zeitung in Kassel arbeitete, später in Darmstadt Fototodesign studierte und zur selben Zeit in Frankfurt den Trekkingladen Supertramp gründete, in den unterschiedlichsten Welten. Das gilt sowohl für die jeweiligen Regionen als auch für die verschiedenen Erfahrungs- und Bewusstseinswelten: Der in einem christlich-humanistischen Elternhaus aufgewachsene, evangelisch-methodistisch erzogene und inzwischen tief in den Buddhismus eingetauchte Dieter Glogowski begann Anfang der achtziger Jahre mit seinen ersten Expeditionen in den Himalaya, nach Nepal, Tibet, Ladakh, und heute bezeichnet er die nordindischen Länder als seine zweite Heimat. Im Jahr 1993 wurde er von den Mönchen des 500 Jahre alten Klosters Lingshed im ehemaligen Königreich Zanskar im Transhimalaya zum Repräsentanten für Deutschland gewählt. Er initiiert und unterstützt Projekte, um den hier lebenden Menschen zu helfen, vermittelt Kinderpatenschaften und sammelt auch mit seinen Diavorträgen, die im deutschsprachigen Raum längst Kultstatus erreicht haben, Spenden für den Bau von Schulen und anderen sozialen Einrichtungen. Darüber hinaus veranstaltet er das jährliche Frankfurter Weitsicht Dia-Show-Festival und verleiht dabei einen inzwischen mit 20 000 Mark dotierten Preis an sozial oder ökologisch engagierte Fotojournalisten.

Buddhismus ist für den undogmatischen Weltenwanderer »kein Ismus, sondern ein Weg, den man geht; ein guter Weg, um zu sich selbst zu finden« und weder Religion noch Glaube, sondern eine Lebensphilosophie, die es ihm ermöglicht, sein Leben reicher und seine Beziehungen humaner zu gestalten: Ist Dieter Glogowski, der nicht nur nehmen, sondern auch geben will und der seine wichtigsten Erfahrungen als Wanderer zwischen den Welten nun zum ersten Mal in einem Buch veröffentlicht, also wirklich ein »moderner« Mensch? Oder hat Modernität doch mehr mit Mode(n) als mit einem Zeitbegriff zu tun, der im Buddhismus als kontinuierlicher Fluss symbolisiert wird? Für den Buddhisten, schreibt Mircea Eliade, ist jede Form, in der sich Zeit offenbart, nicht allein vergänglich, sondern auch unwirklich. Es geht also um den Momentcharakter der Zeit, um die Nichtwirklichkeit des Augenblicks, der sich unaufhörlich in Vergangenheit, in Nichtsein umwandelt. In der buddhistischen Philosophie sind das Dasein und das Nichtsein keine verschiedenartigen Erscheinungen ein und derselben Sache, sondern *die Sache* an sich: Das muss man nicht unbedingt *glauben*, das kann man allerdings *erfahren*, vielleicht auch, mit Elias Canetti, *wissen*. Dieter Glogowski aber ist wohl vor allem eines: ein Mensch in *seiner* Zeit.

ROBERT FISCHER

O Pilger dieser seltsamen Erde: Erwache aus deinem Schlaf des Unwissens und tauche unter im Ozean der Verzückung! Dann wirst du im Paradies der Glückseligkeit landen und niemals mehr hungern, dürsten und frieren oder einsam und verlassen sein!
SWARUPANANDA

Buddhas am Ost-Eingang zur Swayambunath-Stupa, Kathmandu

Hindu-Schrein am Mrigasthali-Hain, Pashupatinath, Kathmandu

Erste Sakyapa Chörten im Kali Gandaki-Tal bei Syang

Kali Gandaki-Tal zwischen Nilgiri (7061 m) und Dhaulagiri (8167 m)

Sadhu vor der Überquerung des Thorong-La Passes (5416 m)

Vishnu-Sadhu in Kathmandu

Nangpa – der Weg der Seele

Was nützt es uns, zum Mond reisen zu können, wenn es uns nicht gelingt, den Abgrund zu überwinden, der uns von uns selbst trennt? Dies ist die wichtigste aller Entdeckungsreisen; ohne sie sind alle anderen nicht nur nutzlos, sondern zerstörerisch«: Diese Worte von Thomas Merton waren mir eine Warnung und begleiteten mich auf allen meinen Reisen. Jahr für Jahr entwickelte ich eine immer wachsamere Form der Begegnung, die ich *kontemplatives* Reisen nennen möchte. Dabei geht es im Wortsinn um »schauende Versenktheit«, um ein »beschauliches Nachdenken« und um ein »geistiges Sichversenken in Gottes Werk«.

In diesem Zusammenhang erinnere ich mich noch gut an meine Frankfurter Kindheit, als ich nach dem Schulunterricht gern die stillen Räumlichkeiten des Kapuzinerklosters aufsuchte, um dem Lärm der Stadt zu entfliehen. Hier fand ich Ruhe und Geborgenheit, die Oase meiner Seele: Mönche in schlichten Kutten, geflüsterte Gebete, tanzende Schatten im Schein der Kerzen, sakrale Schlichtheit.

Als Kind schon stellte sich mir die Frage nach dem Sein. Beim Betrachten des Geschichtsatlasses meines Vaters fiel mein Blick immer wieder auf die Gesichter schicksalsbeladener Menschen. Da standen Juden nackt und in Reihen vor ihren Peinigern, auf den Genickschuß wartend, rannten weinende Kinder im Napalmfeuer um ihr Leben, lynchten hysterische Menschenmassen einen Passanten. Ich war bewegt, suchte eine Antwort nach dem Wieso und Warum, und existenzielle Fragen drangen immer tiefer in meine Seele.

Aber es gab auch andere Bilder: Albert Schweitzer, Martin Luther King und Mutter Theresa. Als Achtjähriger wusste ich noch nichts von Bodhicitta, der Mitgefühlslehre der Tibeter, und die Namen Avalokiteshvara oder Dalai Lama waren mir wie den meisten Menschen Europas unbekannt.

Aber schon meine evangelisch-methodistisch geprägte Erziehung hatte so manche festgefahrene Form der Amtskirchen in Frage gestellt: Methodisten zahlen keine Kirchensteuer, sie geben von Herzen und nicht aus Zwang, haben keine pompösen Kirchenhäuser, und ihre Pastoren erlernen oft einen Zweitberuf zur Unterstützung ihrer Unabhängigkeit.

Mir wurde damals meine eigene Verantwortung bewusst, der erste Schritt war getan.

Was mein Herz berührt

Zwanzig Jahre später, in der kleinen Gompa von Braga an der Nordflanke des Annapurna im Westen Nepals, sah ich dann zum ersten Mal im spärlichen Licht einer Butterlampe das Gesicht einer Statue Avalokiteshvaras, des Buddhas des Mitgefühls. Ein alter, sonnengegerbter Tibeter sprach im rauen Dialekt der Kampas auf mich ein. Ich verstand nur Chenrezig – so wird Avalokiteshvara von den Tibetern genannt; seine Emanation ist die Linie des Dalai Lama. Aber die glänzenden, wachen Augen des alten Mannes gaben mir das Vertrauen, der richtigen Spur zu folgen.

»Nangpa, nangpa«, sagte er immer wieder und berührte mit seiner Hand mein Herz. Erst zehn Jahre später sollte ich erfahren, was er damit meinte. Da hatte mich der tibetische Buddhismus längst in seinen Bann gezogen.

Intensive Reisen in die Himalayaregion folgten, ließen mich Freundschaften knüpfen, und schließlich fand ich immer mehr Antworten auf meine Fragen. Leicht waren Buddhas Worte zu verstehen, unsagbar schwer sind sie umzusetzen. Den Tibetern geht es damit nicht anders, und sie haben sich ein paar Tricks einfallen lassen, die sie »geschickte Mittel« nennen.

Es war in Zanskar, während meines Aufenthalts im Kloster Lingshed, Morgenpuja, im Dokhang: Mönche in roten Roben, gemurmelte Mantras, tanzende Schatten im Schein der Butterlampen, sakrale Heiterkeit.

»Wozu dienen die sieben Wasserschalen auf dem Schrein?« fragte ich Lama Zewang.

Mein Freund lächelte mich an und sagte: »Das ist eine Achtsamkeitsübung, einfach und leicht«.

»Erkläre sie mir«, hakte ich nach.

»Nun«, antwortete er, »du füllst die Schalen jeden Morgen mit Wasser und schüttest sie jeden Abend vor dem Schlafengehen wieder aus. Eine Art Meditation – der Weg zur Achtsamkeit.«

»Das klingt einfach«, gab ich ihm zurück. Lama Zewang schmunzelte und schwieg. Wochen später nahm ich Abschied vom Kloster Lingshed, seinen Mönchen und Novizen. Zewang begleitete mich noch bis zur Passhöhe, drückte seine Stirn gegen meine und legte mir sieben kleine Messingschalen in die Hand.

Einfach?

Nach meiner Ankunft in Deutschland fanden die Schalen ihren Platz in meiner Meditationsecke. Der Alltag stürzte auf mich ein, Telefonate, Faxe. Termine drängten sich in meinem Timer. Nach 14 Tagen füllte ich zum ersten Mal meine Wasserschalen.

Einfach? – Ich musste lachen und erinnerte mich an die Worte von Dilgo Khyentse Rinpoche: »Arbeit ist die Faulheit des Westens.« Oh, ihr Tibeter, wie weise und geschickt ihr seid.

Die Natur des Geistes

Zum ersten Mal begegnete ich Sogyal Rinpoche, einem großen spirituellen Meister der tibetischen Nyingma-Schule, im Jahr 1993: »Wenn sehr viel mehr Menschen die Natur ihres Geistes kennen würden«, sagte er, »wäre ihnen auch die wunderbare Natur der Welt bewusst, in der sie leben, und sie würden mutig und bestimmt für ihren Schutz eintreten.«

Nangpa ist der tibetische Ausdruck für Buddhist und meint jemanden mit Einsicht, der auch zur Innenschau fähig ist und die Wahrheit nicht außen sucht, sondern in sich, in der Natur des Geistes.

Alle Lehren und Übungen des Buddhismus zielen auf diesen einen Punkt: die Natur des Geistes zu blicken und dadurch die Angst vor dem Tod zu überwinden und die Wahrheit des Lebens zu entdecken.«

Ein weiterer Mosaikstein des Lebens hatte in meinem Bewusstsein seinen Platz gefunden, und seitdem kehrte ich immer wieder nach Nepal zurück, in das Geburtsland von Buddha Shakyamuni mit seinem ethnischen Konglomerat von Hinduismus und Buddhismus.

Alltag und Religion

»Gautama Buddha war ein Hindu«, schrieb Swarupananda, »und der Buddhismus ein Zweig des großen Baumes Hinduismus. Buddha kam, um den Hinduismus zu reformieren und zu reinigen. Er war kein Religionsstifter, sondern ein Reformer«: Kein Wunder, dass das Hindu-Heiligtum Pashupatinath und die große tibetische Stupa im Tal von Kathmandu so nah beieinander liegen. Begegnen wir im Shiva-Hain von Pashupatinath dem puren Hinduismus, so treffen wir einen Steinwurf entfernt in Bodnath auf über dreißig Klosteranlagen tibetischer Mönche. Tausende von kleinen hinduistischen Tempeln und Schreinanlagen säumen die Straßen im Kathmandu-Tal, der Alltag der Menschen ist geprägt vom Pantheon beider Religionen. Nirgends auf der Welt kann man deutlicher die Verbindung von Hinduismus und Buddhismus spüren wie hier in Nepal: wo Shiva auf Buddha trifft.

Die fünf Elemente

Mit diesem Buch möchte ich Sie auf eine kontemplative Reise einladen, nah an den Menschen von Nepal und an ihren Glaubenswelten, die ich mit drei nepalesischen Sadhus erleben durfte. Gemeinsam pilgerten wir in vier Wochen vom Dschungel Nepals ins 4000 Meter hoch gelegene Muktinath an der Grenze des Sakya-Pa-Königreichs Lo Mantang. Der Weg führte uns entlang eines der ältesten Karawanenwege Nepals, an den Ufern des Kali Gandaki-Flusses durch das tiefste Tal der Welt zwischen den Achttausendern Annapurna und Dhaulagiri.

Muktinath ist eines der wichtigsten Pilgerziele für Hinduisten und Buddhisten. Der Grund hierfür liegt in einer brennenden Wasserquelle, die alle fünf Elemente an einem Ort vereint: Wasser, Feuer, Erde, Luft und – Äther, der schon von Aristoteles eingeführte »himmlische Urstoff«: Ja, hier trifft wahrhaftig Shiva auf Buddha.

Ich widme dieses Buch den drei nepalischen Sadhus Muni-Baba, Mahabir-Baba und dem 82 Jahre alten Hanuman-Baba, die mich auf meinem Weg nach Muktinath begleitet haben. In vier Jahren Fotografie mit ihnen entstand eine tiefe Offenheit und Nähe. Auch sie haben mir Raum und Antworten gegeben für meine Fragen. Mit ihnen habe ich ungezählte Nächte am Lagerfeuer in den Bergen Nepals verbracht, wir teilten Freud und Leid miteinander, lachten und meditierten. Es entstand eine große Ehrfurcht und ein großer Respekt vor ihrem inneren und äußeren Weg. Meine Reise endete schließlich an den Quellen des Kali Gandaki im geheimnisvollen Königreich Lo Mantang.

Dieser Weg hat den Kreislauf meiner Wanderjahre geschlossen, meine kindlichen Fragen beantwortet. Oder um es mit den Worten von Mahatma Gandhi zu sagen: Nachdem ich die wichtigsten Religionen, soweit es mir möglich war, studiert hatte, kam mir der Gedanke, es müsse einen Hauptschlüssel geben, der die allen Religionen zugrunde liegende Einheit erschließen könnte, sofern es sinnvoll und notwendig ist, eine Gemeinsamkeit zu entdecken. Dieser Schlüssel ist Wahrheit und Gewaltlosigkeit.«

DIETER GLOGOWSKI

»Mehr als jede andere Tugend betont der Buddhismus Uneigennützigkeit,
die in Liebe und heilender Hinwendung Ausdruck findet.«

14. Dalai Lama

Kraft und Ausdauer verlangt es von Mensch und Tier beim Pflügen der Terrassenfelder.
Rechte Seite: Bis zu drei Ernten im Jahr sind der durchscnittliche Ertrag.

Nepal - Vom Dschungel ins ewige Eis

Nepal ist ein relativ kleines Land: 800 Kilometer lang und 200 Kilometer breit. Es steigt von den Niederungen der Gangesebene, dem Terrai, stufenförmig an bis hinauf zu den eisbedeckten Achttausendern des Himalaya, der dann stark abfällt auf das 4500 Meter hohe tibetische Hochplateau zum Transhimalaya hin. Südlich von der Hauptkette durchziehen weitere gewaltige Gebirge das Land von Osten nach Westen: Das sind einmal die bis zu 1800 Meter hohen Churia-Ghati-Ketten, die den Terrai nach Norden hin begrenzen, und zum anderen weiter nördlich davon die bis zu 3000 Meter hohen Mahabharat-Lekh-Ketten, die dem Mittelland Nepals, einschließlich des Tals von Kathmandu, einen natürlichen Schutzwall bieten.

Die größten Flüsse Nepals – Karnali im Westen, Gandaki in der Mitte und Sun-Kosi im Osten – entspringen erstaunlicherweise im Transhimalaya. Im Verlauf von geologischen Zeitaltern schob sich der indische Subkontinent mehr und mehr unter den eurasischen Sockel und türmte das höchste Gebirge der Erde auf. Auf ihrem Weg von Norden nach Süden formten die drei großen Flüsse immer tiefere Schluchten. Am eindrucksvollsten ist die des Kali Gandaki in Zentralnepal zwischen Dhaulagiri und Annapurna: Mit einer Tiefe von mehr als 6000 Metern gilt dies als die tiefste Schlucht der Erde. Weiter im Süden treffen die Flüsse auf ein neues Hindernis, die Mahabharat-Kette. Ihr folgen sie ein Stück weit, bevor sie auch dort große Schluchten und Täler in die Gangesebene graben.

Dass in der Kali Gandaki-Schlucht und anderswo Ammoniten – Versteinerungen urzeitlicher Meerestiere – zu finden sind, verweist auf Tethys, das Urmeer, das sich vor der Auffaltung des Himalayas vom Mittelmeerraum bis nach Hinterindien erstreckte. Seine Sedimentschichten sind es, aus denen sich der Himalaya aufgetürmt hat.

Zu diesen geografischen Gegebenheiten kommen die Auswirkungen des Monsuns, der in den Monaten Juni bis September vom Indischen Ozean im Südwesten her feuchte Luftmassen bringt, die sich an den südlichen Gebirgshängen abregnen, während weite Gebiete im Regenschatten großer Massive kaum etwas davon abbekommen. Der Monsun macht den Terrai zur tropischen Zone mit viel Regen und entsprechend üppiger Flora und Fauna. Eine subtropische Zone, die bis auf etwa 2000 Meter Höhe reicht, schließt sich an. Sie geht allmählich über in den subalpinen und in den alpinen Bereich sowie schließlich in den ewigen Schnee. Große Höhenunterschiede und verschiedenste Klimazonen auf engem Raum machen Nepal zu einem Land der Extreme und zu einer Herausforderung für seine Bewohner.

Während des Monsuns herrschen im Juli im Terrai tropische Verhältnisse: ideal zum Schnitt des jungen Elefantengrases und zum Bepflanzen der Reisfelder. Temperaturen von über 40 Grad Celsius und jährliche Niederschlagsmengen von 11 000 Millimeter pro Quadratmeter sind keine Seltenheit.

Nepal umfasst fünf Vegetationszonen. Der Terrai ist Nepals fruchtbarste Region. Im Durchschreiten der suptropischen, gemäßigten und subalpinen Zonen erlebt der Betrachter nicht nur eine reduziertere Landwirtschaft, sondern er betritt auch den Einflussbereich des tibetischen Buddhismus.

Die alpine Zone Nepals, der Himalaya, ist der Sitz der Götter. Kein Land der Erde beherbergt so viele Achttausender-Bergriesen. Zwischen dem Annapurnagipfel (8091m) und der erhabenen Pyramide des Dhaulagiri (8167 m) schnitt der Kali Gandaki die tiefste Schlucht der Welt in die Erde.

Die Gesichter Nepals

Tharu-Pilger
Rechte Seite: Chhetri-Mädchen bei Pokhara.

Hupende Autos, heilige Kühe und klingelnde Rikschafahrer bahnen sich ihren Weg durch die Menschenmassen. »Namaste!« Eine Frau mit mongolischen Gesichtszügen grüßt, bevor sie ihr Gespräch mit einem Nepalesen fortsetzt. Nepalese? Dieser Begriff ist genauso vage, wie die Aussage »ich gehe nach Nepal«. Denn so vielfältig die Naturgestalt des Landes ist, so viele unterschiedliche Völker hat das Königreich aufzuweisen.

Ursprünglich meinte der Name Nepal, nach dem das Volk der Newars benannt ist, nur das Kathmandu-Tal. Im Gegensatz etwa zu den Chetri, Magar oder Gurung bilden die Newars keine ethnisch homogene Gruppe. Stattdessen spricht man von ihnen als einer nationalen Einheit. Zugleich sind sie schon seit dem 13. Jahrhundert die Kulturträger Nepals, gelten als Begründer der städtischen Tradition und sprechen eine eigene, tibetisch-burmesische Sprache. Ihre Geschicklichkeit in Handwerk und Architektur lässt sich in Bhaktapur, Patan und Kathmandu bewundern. In diesen ehemaligen Malla-Residenzen findet die ethnische Vielfalt ihren Höhepunkt: Indo-arische Volksgruppen aus dem Süden vermischten sich Jahrhunderte lang mit den mongolischen Völkern des Nordens. Hinduistische Reisbauern aus Siedlungen des Unterlandes trieben Handel mit buddhistischen Hirten und Gerste-Bauern der Hochebenen.

Die Sozialstruktur der Newars liefert das beste Beispiel einer Synthese aus so ungleichen Lebensformen. Klare Unterschiede in den religiösen Strömungen wurden verwischt, und dabei entstand ein Kastensystem, dessen Hierarchie Hinduisten wie Buddhisten gleichermaßen umfasst. Erstere findet man überwiegend im Terrai, dessen größte Gruppe die Tharus ausmachen.

Zu all den ansässigen Völkern – darunter die Dhimal, Kumal, Meche und Danuwars – gesellen sich zunehmend Inder aus der angrenzenden Ganges-Ebene. Eine Hauptzone des Vielvölkerstaates Nepal bildet die Region der Himalaya-Vorberge, bis zur regenarmen tibetischen Hochebene. Entlang des Kali Gandaki finden sich zunehmend tibetisch-buddhistische Kulturen.

Welches lachende Gesicht wird uns nach der nächsten Flussbiegung noch begegnen: ein Thakali mit schmalen Mandelaugen oder ein Bhodpo im Schafswollmantel und roten Beinkleidern? Traditionell werden alle Himalayabewohner als Bhote bezeichnet, so auch die Dolpos, Sherpas und Lopas. Und so faszinierend etwa das Bergpanorama von Dhaulagiri oder Annapurna auch sein mag: Inmitten all der natürlichen Schönheiten und der kulturellen Vielfalt dieses Landes sind es die Menschen, die Nepal liebenswert machen.

Facettenreicher kann die ethnologische Vielfalt in Nepal nicht sein. Über zwanzig verschiedene Volksgruppen siedeln entlang den Ufern des Kali Gandaki-Flusses. Mangarfrauen (links) bewirtschaften die Felder um Baglung, Lopa- und Bhotia-Frauen (Mitte/rechts) teilen sich die Felder von »upper Mustang«.

Das nördliche Kali Gandaki-Tal ist geprägt vom Volk der Thakalis (links). Sie kontrollierten wesentlich den Salzhandel mit Tibet. In ihren Karawansereien trafen sich Tibeter (Mitte) und Dolpas (rechts) aus dem schwer zugänglichen westlich gelegenen Dolpo.

Im ethnologischem Makrokosmos: der Salzhändeler der Jumli, der Gurung-Milchbauer, der Tamang-Träger, die Sherpa-Frau.

Über 20 000 Tibeter haben nach der Annexion Tibets durch China Zuflucht in Nepal genommen. Allein im Kathmandu-Tal entstanden über 70 Klosteranlagen.

»Die wunderbare Stadt breitet sich mit ihren bunten Tempeln und zierlichen Backsteingebäuden, in voller Blütenpracht, vor unseren erstaunten Blicken aus. Die Verschwendung von Holzschnitzwerk an den Fensterrosetten, Säulen, Tragbalken und Dachdecken erweckt das Gefühl, als ob man um ein Jahrtausend zurückversetzt sei.«

A. HOFFMEISTER, Arzt des Prinzen Waldemar von Preußen, 1847

Das Kathmandu-Tal
Bausteine der Kunst

Alte Ziegelsteinhäuser und graue Betonklötze, rote Chilis und Coca-Cola – eine mittelalterlich anmutende Stadt mitten im zwanzigsten Jahrhundert: Über 500 000 Einwohner leben in den Straßen von Kathmandu, eine weitgehend unkontrolliert expandierende moderne Metropole. Wir tauchen ein in das Farbenmeer von Tempeln, Skulpturen und Malereien. Gläubige versammeln sich zum Gebet. Über den weißen Kuppeln der Stupas von Bodnath und Swayambunath leuchten die alles überblickenden Augen Buddhas.

Der Nyatapola-Tempel in Bhaktapur
Rechte Seite: Westlich von Kathmandu erstrahlt golden die Stupa von Swayambunath, ein Konglomerat religiöser Monumente der Sakya-Newars und des tibetischen Buddhismus.

Kathmandu

Das große Handels- und Kommunikationszentrum Kathmandu ist für viele der Inbegriff Nepals. Nirgendwo sonst gibt es so viele Kulturdenkmäler – in den umliegenden Bergdörfern ebenso wie mitten im Verkehrsgewimmel der Hauptstadt. Kulturelles und künstlerisches Erbe kennzeichnen ein tief religiöses, traditionsbewusstes Volk. Holzschnitzereien, Metall- und Stoffarbeiten gehören heute zu den wichtigsten Einnahmequellen.

Der Legende nach war das Kathmandu-Tal einst ein von Bergen und Wäldern umringter großer See, auf dessen Grund magische Schlangen lebten. Als der erste Buddha, Vipaswi, auf einer Pilgerfahrt hierherkam, warf er einen Lotussamen in den See und sagte voraus, dass an dieser Stelle eines Tages eine heilige Stätte entstehen würde. Viele Tausende Jahre später sprang der Samen auf, die Erde bebte, und auf dem See wuchs ein tausendblütiger Lotus mit Pollen aus Juwelen und wagenradgroßen goldenen Samen. In der Mitte der Pflanze aber erschien das Licht Swayambhu, das Selbstgeborene. Der Buddha Majushri wollte diese heilige Stätte für Pilger zugänglich machen und suchte nach der schmalsten Stelle zwischen den umliegenden Bergen. Dort hieb er mit dem Schwert des Wissens dazwischen und schuf so die Schlucht von Chobar. Der See entleerte sich, und die Schlangen entwichen mit dem abfließenden Wasser. Doch Manjushri überredete den König der Schlangen, Kartotaka, hier zu bleiben und über die Fruchtbarkeit des Tales und sein geheimnisvolles Licht zu wachen. Tatsächlich leuchtete es noch Jahrhunderte lang, bis ein buddhistischer Priester es vor dem nahenden sündigen Zeitalter zu schützen versuchte: Er versteckte das magische Licht in einem Loch, verdeckte es mit einem Edelstein und errichtete darüber den Swayambhu Stupa mit einer goldenen Spitze, der zu den bedeutendsten Heiligtümern Nepals gehört. – Heute verteilen sich im Tal von Kathmandu mehr als 60 Orte und Dörfer. Wunderbare architektonische Bauwerke mit feingeschnitzter Ornamentik zeugen von der hochentwickelten Kultur der Newar. Lalitpur, »die schöne Stadt«, wie sie von Einheimischen genannt wird, bildet mit ihren zahlreichen Heiligtümern die Wiege der Kunst. Schmale Gassen bergen immer neue Sehenswürdigkeiten: etwa den Tempel der tausend Buddhas, Maha Baudha, zweistöckige buddhistische Newarklöster oder gemütliche Geschäfte mit althergebrachten Verkaufsgegenständen. Letztere finden sich auch in Bhaktapur, das der Legende nach im neunten Jahrhundert von

König Ananda Malla gegründet wurde. Mit rund 150 000 Einwohnern ist dieses mittelalterliche Juwel zugleich ein Schaufenster autarken Stadtlebens: Töpferscheiben drehen sich zwischen Tausenden von in der Sonne trocknenden Krügen. Handwerker verschönen ihre Häuser mit Terrakottasteinen. Frauen eilen zum Markt, verkaufen frisches Obst, Gemüse, Reis und Hühner. Feuerrote Chilischoten legen einen Teppich zu den ungezählten Tempelstätten. Etwa 23 Millionen Menschen leben in Nepal, und Hirse gehört (als Brei) zu ihrer täglichen Nahrung, Mit seinem fruchtbaren Schwemmboden ist das Kathmandu-Tal besonders gut geeignet für den Anbau dieses Grundnahrungsmittels. Für die geistige Nahrung aber sind die Götter zuständig: In ihrer Gegenwart verbinden sich die Tempeldächer des Tals mit den weißen Bergriesen zu einer bezaubernden Silhouette.

Heftiges Flattern und lautes Gurren vor dem Krishna Mandir und Vishveshvaratempel.
Die Tauben Patans genießen den Respekt der Menschen.

Eine Treppe führt in den tiefen Badebrunnen Mangal Hiti. Als Zentrum einer früheren Stadt dient er heute als Wasserspender der Einwohner von Patan.

Weit über die Grenzen Nepals war die Holzschnitzkunst der Newars bekannt.
Rechte Seite: Leuchtend rote Chiliteppiche trocken in der Sonne und verleihen Bhaktapur seinen ganz besonderen Charme.

Kein Tag ohne ein Fest im Tal von Kathmandu: Einmal im Jahr wird die 84. Reinkarnation des Sakya-Newar-Buddhas, Chakun Dheva, aus seinem Tempel geholt.

Bis tief in die Nacht rast er durch die Gassen Tamels, bis ihm 360 Frauen ihre Opferschalen gereicht haben. Als Dank erhalten sie Glück und Wohlstand.

Holi-Fest in Kathmandu – wenn rote Farbe fliegt und Wasser spritzt!

Der Saga nach tötete Krishna die Dämonin Holika und verbrannte sie.
So feiern die Hindus im Frühjahr das Holi-Fest in wilden
Wasser- und Farbpulverschlachten. Frauen opfern dem Hirtengott
Lord Krishna Glücksbänder.

»Oh, ihr Pilger des Alltags! Verliert euch nicht in dem seichten Wasser der Materie! Stoffliches erzeugt Reibung und Hitze! Erhebt eure Gedanken über die Erde!«
SWARUPANANDA

Hinduismus – viele Götter, eine Wirklichkeit

Die ersten Öllampen verwandeln die morgendliche Finsternis in ein schemenhaftes Grau. Frauen in bunten Saris eilen an uns vorbei zur Morgenpuja. Sie sind auf dem Weg, ihre Götter zu ehren. In den Händen halten sie reich verzierte Opferschalen zur Darbietung von bunten Blumen, Obst und Reis. Die Frauen baden ihre Gottheiten in Licht und Wasser, nähren und schmücken sie: Shiva, die Verkörperung von Zerstörung und Erneuerung, Ganesha, den Gott der Weisheit, und Vishnu, den Erhalter des Lebens und des Universums.

Immer wieder gelang es dem Hinduismus, Einflüsse von konkurrierenden Glaubensrichtungen aufzunehmen und sich den wandelnden Zeitläuften anzupassen. Nepal mit seinem vielfältigen Götterpantheon und den friedlich nebeneinander existierenden religiösen Strömungen liefert dafür das beste Beispiel. In der vedischen Periode noch eine kleine Gottheit, wird Vishnu in dem großen indischen Epos Ramayana bereits als Prinz Rama verehrt. Neben Rama und Krishna zählt auch Siddharta Gautama, der historische Buddha, zu den zehn Inkarnationen Vishnus. König Birendra, der sich im April 1990 zum konstitutionellen Monarchen erklärte, hat in den Augen von Gläubigen ebenfalls den Status einer solchen Inkarnation.

Garnesha, Elefantengott und Sohn Shivas
Rechte Seite: Morgenpuja am Bhaktapur-Sagar.

Der Hinduismus ist eine mythologische Religion ohne Stifter und ohne einen unveränderlichen Glaubenskanon, bei der sich die religiösen Vorstellungen arischer Einwanderer aus Zentralasien mit der in der Indusebene üblichen Verehrung von Naturkräften, Fruchtbarkeit und Muttergottheiten vermischten. Als Synthese entwickelten sich die von den meisten Hindus anerkannten alten Schriften, die Heiligen Veden, und die gesellschaftliche Gliederung in einem Kastensystem, das jedem Menschen eine feste Position in der sozialen Hierarchie zuweist und seine Berufs- wie Partnerwahl bestimmt. Obwohl Mahatma Gandhi den gewaltlosen Kampf gegen die Unterdrückung der »niedrig geborenen Hindus« aufnahm, die Unberührbaren sogar »Kinder Gottes« nannte, blieb dieses Kastensystem ein wesentlicher Bestandteil der hinduistischen Religion. Eng damit verknüpft ist der Glaube an die Wiedergeburt und an den Wesenskreislauf (»samsara«), nach dem alle Lebewesen letztlich nichts anderes sind als geistige Seelen (Atman), die durch ihr Karma in immer neuen Lebensformen wiedergeboren werden. Karma steht für das Prinzip von Ursache und Wirkung: Schlechte Taten führen zu einem schlechten Karma und damit zu einer niedrigen Wiedergeburt, gute Taten und die Verehrung der Götter beeinflussen das Karma positiv und führen zu einer höheren Wiedergeburt. Das höchste Ziel eines gläubigen Hindus ist es, diesen Kreislauf zu durchbrechen und mit der Weltenseele (Brahman) zu verschmelzen. Selbstlosigkeit, meditative Einsicht in die Wirklichkeit des menschlichen Daseins und rituelle Verehrung des Göttlichen gelten als wichtige Schritte auf dem Weg, dieses Ziel zu erreichen.

»Dein Reich ist Hoffnung, dein Weg ist Liebe. Dein Ziel ist das Licht«, schreibt Swarupananda, ein westlicher Yogi, der sich intensiv mit indischer Mystik beschäftigt hat. Für die Gegenwart Nepals ist das eine große Herausforderung. Swarupananda verweist auch auf ein altes Ideal in den Heiligen Veden, nach dem für alle Menschen mit Ausnahme der Sadhus, die den Kreislauf des Samsara beenden, vier Lebensstadien gelten. Diese vier Abschnitte, Aschramas, die das irdische Leben eines Hindus prägen, beginnen mit dem Brahmacharya – dem enthaltsamen Studentenstadium, in dem Jugendlichen die Beherrschung des Leibes, der Sinne und Gedanken abverlangt wird. In der zweiten Phase, dem Grihasta, muss er sich als Ehemann und Hausvater beweisen, um im dritten Stadium, Vanaprastha, über den Sinn des Lebens nachzudenken. Das letzte freiwillige Aschrama, Sannyasa, erfordert, ein Sannyasin zu werden, der durch Meditation, Yoga und Askese den Weg der Erlösung geht: »Om tat sat!« – »Alles Leben ist göttlich!«

»Gott ist Wahrheit und Liebe. Gott ist Ethik und Moralität. Gott ist die Quelle von Licht und Leben, doch er ist über all dem und jenseits all dessen. Gott ist Gewissen.«

MAHATMA GANDHI

Schon im Kindesalter wird der Götterpantheon verinnerlicht.

Kathmandus Straßen sind übersät mit unscheinbaren Schreinen.
Der Chhetra Pal in Patan steht für den Hausschützer Bhairab und als Altar für die verstorbenen Besucher des Sadtviertels.

»Es ist nicht vernünftig zu meinen, es gebe keine vergangenen und zukünftigen Leben, nur weil man sie nicht gesehen hat.«
MAHATMA GANDHI

Dem Tod ins Gesicht sehen: Leichenverbrennungen gehören zum Alltag in Pashupatinath.

»Selig ist, wer ohne Hass lebt, obwohl Hass und Lieblosigkeit ringsumher walten. Selig ist, wer ohne Verblendung ist, obwohl die Welt verblendet dahinsiecht. Selig ist, wer frei atmen kann, weil er das nimmersatte Raffen aufgegeben hat, obwohl die Welt voller Gier sich selber frisst. Selig ist, wer die Armut gewählt hat, denn ihn durchströmt beseligend-göttliche Heiterkeit.«

BUDDHA SHAKYAMUNI

Buddhismus – Weisheit und Mitgefühl

Der Buddha, dessen Augen aus tiefer Versenkung von der großen Stupa in Bodnath herunter blicken, wurde vor 2500 Jahren in Lumbini im heutigen Nepal geboren. Dem Luxus seines Lebens als Prinz Gautama entsagend ging er in die Einsamkeit, um den Grund für seine Unzufriedenheit, für das Leiden von Alter, Krankheit und Tod und seine Ursachen zu erforschen. Er erlangte, nachdem er es mit Askese nicht geschafft hatte, durch ausdauernde Meditation Erleuchtung unter dem berühmten Bodhibaum.

**Swayambhunath-Stupa, Heiligtum des Adibuddha.
Rechte Seite: Novizen am Bodnath-Stupa.**

Seitdem sind die »Vier Edlen Wahrheiten« vom Leiden, seinem Ursprung, seiner Überwindung und dem Weg dahin Eckpunkt der buddhistischen Lehre. So wie der Buddha kann jedes fühlende Wesen letztendliches Glück erfahren, denn in allen ist Buddhanatur: das Potenzial, aus Gier, Hass und Unwissenheit zu erwachen. Diese drei Geistesgifte halten uns fest im ewigen Kreislauf von Geburt, Alter, Tod und Wiedergeburt, aber es gibt drei Wege des Erwachens: das Kleine Fahrzeug (Hinayana) und das Große Fahrzeug (Mahayana), zu dem im tibetanischen Buddhismus, dem wir in Nepal begegnen, auch das Diamantene Fahrzeug (Vajrayana) gehört. Hinayana meint: Wir halten unser Selbst für substantiell und dauerhaft, stellen bei näherer Betrachtung aber fest, dass es letztlich leer ist von inhärenter Existenz. Dieser Illusion zu entsagen und niemand anderem zu schaden steht für den Weg ins Nirvana. Im Mahayana bemühen wir uns mehr noch um die Erkenntnis der Leerheit auch der Dinge, versuchen anderen zu nützen und streben nach vollständiger Erleuchtung jenseits von Samsara und Nirvana. Es ist der Mittlere Weg, die so genannten »Zwei Wahrheiten« zu erkennen: Die Dinge sind absolut gesehen leer und gleichzeitig, relativ gesehen sind sie existent. Wir erkennen die Weisheit, dass Veränderung nur deshalb möglich ist, weil die Dinge vergänglich sind. Wir übernehmen Verantwortung für unser Handeln, sprich für unser Karma. Mitgefühl – Bodhicitta – erwacht für diejenigen, die gefangen sind in Unwissenheit. Weisheit und Mitgefühl machen den Bodhisattva aus, das Erleuchtungswesen, das zum Wohle anderer Befreiung aus dem Daseinskreislauf sucht. Am schnellsten führt das Vajrayana zum Ziel: In der Erkenntnis, dass die Wirklichkeit einzig die Vorstellung des verblendeten Geistes ist, werden spezielle Meditationsmethoden benutzt, die zur Erleuchtung führen. Diese Methoden sind in den Texten des Tantra überliefert, seit Padmasambhava den Buddhismus im achten Jahrhundert bis nach Tibet brachte. Unterschiedlich in den vier Schulen des Vajrayana, haben sie alle dasselbe Ziel: das Erlangen der vollkommenen Buddhaschaft zum Wohle aller Wesen. Die Nyingma-Schule, auch Rotmützenschule genannt, greift dabei auf die ältesten Übersetzungen der ursprünglich in Sanskrit verfassten Texte aus der Zeit Padmasambhavas zurück. Zu der 200 Jahre jüngeren Übersetzungsschule gehören die übrigen drei: die Kagyü-Schule mit ihrem bekanntesten Schüler Milarepa und dem Karmapa als Oberhaupt; die Sakya-Schule, der wir auf unserer Pilgerreise in Lo-Mantang begegnen werden; und die im 14. Jahrhundert von Tsongkhapa reformierte Gelugpa- oder Gelbmützen-Schule mit dem Dalai Lama als ihrem berühmtesten Vertreter, der zugleich das Oberhaupt aller vier Schulen ist.

Losar, tibetisches Neues Jahr, auf dem Bodnath-Stupa: Der tiefe Ton der Randongs erklingt, der »Alphörner« des Himalayas – ein Symbol der Unendlichkeit des Kosmos.

Das Licht der Erkenntnis und der Erleuchtung, des Anfangs und des Endes:
Weit pilgerte der Tibeter Tashi Dorje um die Klöster von Bodnath besuchen zu können.

Einer der Hauptgründe, warum wir so viel Angst haben, uns dem Tod zu stellen, liegt darin, dass wir die Wahrheit der Vergänglichkeit ignorieren. Für uns ist Wandel gleichbedeutend mit Verlust und Leid. Und wenn sich Veränderung einstellt, versuchen wir, uns so gut wie möglich zu betäuben. Stur und ohne nachzufragen halten wir an der Annahme fest, dass Dauerhaftigkeit Sicherheit verleiht, Vergänglichkeit hingegen nicht. SOGYAL RINPOCHE

Der gewöhnliche Geist in seiner Unwissenheit hält am illusionären Selbst fest. In der Mandala-Meditation des tantrischen Buddhismus wird der Weisheitsgeist angesprochen und zur Erkenntnis von der Leerheit des Selbst und der Dinge sowie zum Verstehen der gegenseitigen Abhängigkeit aller Wesen und Erscheinungen geführt. Dazu visualisiert der Meditierende das Mandala zugleich als Kosmogramm des Universums, als Psychogramm seines Selbst und als Palast einer Gottheit und identifiziert sich mit dessen erleuchteten Qualitäten. Hier ist es Manjushri, der Buddha der Weisheit, in seiner zornvollen Form Yamantaka. Ein Mandala zu streuen dauert fünf Tage, danach wird es zerstört und der Sand einem Fluss übergeben.

»Alles in allem wäre es auch nicht überraschender, zweimal geboren zu werden, als es das eine Mal schon ist.«

VOLTAIRE

»Wenn du dein vergangenes Leben kennen lernen willst, schau deine gegenwärtige Lage an; wenn du dein zukünftiges Leben erkennen willst, schau deine gegenwärtigen Handlungen an.«

PADMASAMBHAVA

Das Lebensrad stellt die Vier Edlen Wahrheiten dar: Vogel, Schlange und Schwein in der Mitte symbolisieren Gier, Hass und Unwissenheit. Unseren vergangenen Handlungen, Karma, entsprechend erfahren wir die emotionalen Zustände der sechs Welten – Götter und Halbgötter, Menschen, Tiere, Hungergeister und Höllenwesen –, in denen der Mensch wiedergeboren werden kann. Der äußere Ring zeigt die zwölf Glieder Bedingten Entstehens, die durch ihre Abfolge von Ursache und Wirkung die Illusion eines Selbst vortäuschen. Als Mensch haben wir die beste Möglichkeit, uns aus aus diesem Kreislauf zu befreien.

»Wer von sich selbst behauptet, ein Guru zu sein, ist von niederer Gesinnung. Betrachte die Waage: Die leichte Schale hebt sich. Wer selbst hoch ist, ist leicht.«

RAMAKRISHNA

Janakpur - fremdes indisches Nepal

Ankunft in Kathmandu. Im Reisegepäck: 300 Filme, 38 Kilogramm Kameraausrüstung und die Vision einer Begegnung der »besonderen Art«. Zwei Tagesreisen später erreiche ich Janakpur, den geheiligten hinduistischen Pilgerort im Terrai. Erbarmungslos treibt das feucht-heiße Klima des Dschungels den Schweiß aus allen Poren. Taxi? Gibt es nicht. Dafür freut sich ein Rikschafahrer, der mich in das 18 Kilometer entfernte Dorf Santabar bringen soll, über 300 Rupies. Zwei Kilometer später bereut er allerdings schon den Handel ...

Santabar ist der Geburtsort meines Freundes Muni-Baba, ein heiliger Asket und Sadhu. Idyllisch schmiegt sich das kleine Dorf in die pflanzengrüne Landschaft ein. Moschusochsen, Reisfelder, Bambushaine. Kinder verkünden laut rufend meine Ankunft, führen mich lachend zu Munis steinerner Hütte. Indisch aussehende Frauen in blumenfarbenen Saris huschen schüchtern über den staubigen Boden. Sie sind die Künstlerinnen des Terrais, wenn sie naiv wirkende Maithila-Malereien an den Lehmhäusern anbringen.

Pfeifend hebt der Sadhu die rechte Hand zum Gruß. Vor 15 Jahren hat er ein Schweigegelübde abgelegt, um seinen Bruch mit allen gesellschaftlichen Bindungen zu unterstreichen. Zum Schwur dieser heiligen Asketen gehört es, dass sie ihre Familie verlassen, den Beruf und alle weltlichen Besitztümer aufgeben.

Rote Farbe leuchtet in Muni-Babas ledernem Gesicht. Meterlange Haarezieren sein Haupt, ganz nach seinem Vorbild Shiva. Doch in den Straßen Janakpurs wohnen Sita und Rama, die Inkarnationen von Lakshmi und Vishnu: Auf den Spuren der Gottheiten landen wir auf dem Dach der einzigen Eisenbahn Nepals mit ihrer tapfer prustenden Dampflock: Fünfzehn Kilometer, eine Stunde.

»Sita Ram«, Begegnung mit Muni-Baba im Terrai.

Tausende von Mitreisenden teilen sich die Innen- und Außenseiten der Waggons. Wie ein Palast aus Rajasthan erhebt sich der Janaki-Mandir auf einer leichten Anhöhe: Der – der Göttin Sita geweihte – Tempel ist das größte Heiligtum Janakpurs. Im Ramayana-Epos werden die in Janakpur Geborene und ihr Mann als das Ideal eines hinduistischen Ehepaars verherrlicht.

Ungezählte Tempel und Badetanks, es wimmelt von Pilgern und Sadhus: eine friedliche Atmosphäre, auch wenn das Gedränge immer dichter wird. Gesänge hallen durch die engen Gassen, Frauen tragen geschmückte Wasserkübel auf dem Kopf, angeführt von einem Hochzeitswagen des göttlichen Paares. Muni-Babas Augen leuchten. Sie verraten die Vorfreude auf die kommenden Tage im Tal von Kathmandu, auf ein besonderes Ereignis: Shivaratri, das heilige Fest der Sadhus zur Neumondnacht in Pashupatinath! Ehrfürchtig verabschiedet sich mein Freund von den anwesenden Gurus. Sein schriller Pfiff ersetzt den Gruß der heiligen Männer: »Sita Ram!«

Gedränge am einzigen Zug Nepals: Die kleine, schwarz qualmende Diesellok fährt täglich von der Stadt Janakpur Mensch und Tier über die Grenze bis nach Indien. Tickets für die vierte Klasse sichern einen luftigen Platz auf dem Waggondach.

Den Haushalt geschultert: Ausdauer und Kraft sind vonnöten für die 90 Kilometer lange Parikrama um Janakpur. Das Umrunden der heiligen Stadt verspricht spirituelles Heil und die Reinigung von Sünden.

RUGBY
WORLD
REPORT
CREEKS COMPANY
THE QUALITY LINE
GROUP

Rot, Orange, Ocker: In Janakpur leuchten die Farben der aufgehenden Sonne, des flackernden Feuers und der lebensspendenden Erde.
Linke Seite: Wundersame Architektur erhebt sich über dem Hauptplatz Janakpurs. Der – der Göttin Sita geweihte – Janaki-Tempel bildet das wichtigste Heiligtum des Ortes.

»So lautet das Geheimnis: Yoga kann niemals stattfinden – ganz gleich, welches der Weg zur Innewerdung Gottes ist, solange nicht der Geist vollkommen gestillt ist. Denn dieser steht unter der beständigen Kontrolle der Yogi, und nicht dieser unter der Kontrolle des Geistes.«

RAMAKRISHNA

Pashupatinath – Heimat der Sadhus und Asketen

Morgendämmerung in Pashupatinath. Heilige Kühe und streunende Hunde streifen scheinbar planlos durch die Gassen. Die heilige Tempelanlage erscheint im Glanz des Sonnenaufgangs. Hindus eilen zur täglichen Morgenpuja. Muni-Baba führt mich in das Reich der Sadhus, der Yogis und Asketen.

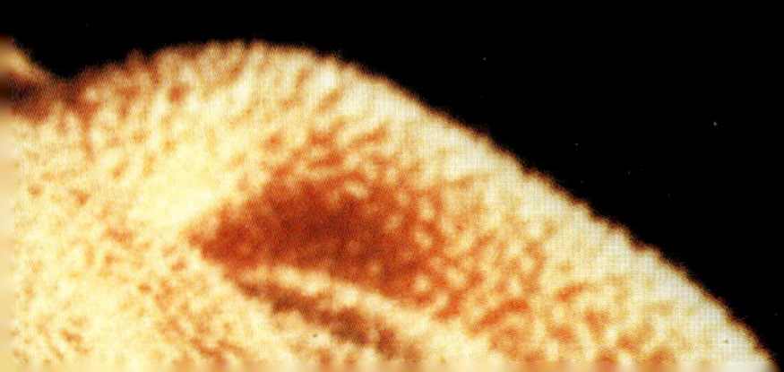

Saddhu Hanumam-Baba

Wo Shiva auf Buddha trifft

Eine Brücke überspannt den Bagmati, den heiligen Fluss Nepals. Am Surya Ghat, dem Ufer der Sonne, steigen Rauchschwaden in den wolkenlosen Himmel. Auf steinernen Plattformen werden die verstorbenen Hindus kremiert. Der älteste Sohn übergibt die Asche dem Fluss, der später in den Ganges mündet. Hier verbrannt zu werden, gewährt die Erlösung vom endlosen Kreislauf der Wiedergeburten.

Golden leuchtet das Dach des heiligen Tempels. Pilger bahnen sich ihren Weg zu der zweistöckigen Pagode, in deren Hallen der Geist Shivas wohnt. Hier finden die Pilger das am meisten verehrte Heiligtum von Pashupatinath – ein Shivalingam, das phallische Symbol des Gottes. Aus seiner femininen Gegenform, einer Yoni ragend, verkörpert er die Ganzheit des Hindu-Weltblicks, die Vereinigung der Polaritäten von weiblicher und männlicher Energie.

Vier Tore weisen den Eingang zum Tempelgebäude, ermöglichen einen kleinen Einblick in den Innenhof. Priester sprechen den heiligen Segen aus, murmeln Mantras. Pilger zelebrieren die Parikrama, die Umrundung der Götterstatuen. Ein gigantischer goldener Bulle bewacht das Hauptportal an der Westseite. Das Hinterteil des Nandis, Shivas Reittier, verhindert jeden weiteren Einblick, denn diese Schwelle dürfen nur Hindus überschreiten. So bleiben die größten Geheimnisse dieses spirituellen Ortes für Nichthindus verborgen.

»Sita Ram!« Sanft berührt mich die Hand des Sadhus, die mich an die Wurzel eines Baumes erinnert. Tatsächlich: Es ist mein Freund Hanuman-Baba, der älteste Sadhu des Bezirks. Die Namensverwandschaft mit dem göttlichen Affengott Hanuman ist nicht zufällig: Der Held des Ramayanaepos' erhielt wegen seiner Verdienste als General den Segen für andauernde Jugend und ein langes Leben.

Auch Hanuman-Baba, 82 Jahre alt, strahlt Ruhe und Ausdauer aus. Regungslos sitzt er auf einem Gepardenfell. Der Dreizack, die Standarte Shivas, lehnt neben Hanumans Götterschrein. Zwei weiße Linien in U-Form zieren seine Stirn. Die strenge Gesichtsbemalung weist ihn als Schüler Vishnus aus. Weise blickt er mich an, scheint in meiner Seele zu lesen, als er mich einlädt, bei ihm Platz zu nehmen: »Psst!« Muni-Babas geflüsterter Laut erregt meine Aufmerksamkeit. Fröhlich pfeifend stellt er mir seinen 62 Jahre alten Ziehvater, Mahabir-Baba, vor. Mit sanftem Blick mustert mich der gütige Mann …

Der Schein kleiner, roter Flammen tanzt auf Mahabirs nackter Haut. Das Feuer taucht seinen grauen Körper in ein warmes Licht. Immer wieder säubert der Asket die Glut mit der Chimta, seinem Feuerstab. Erst dann reibt sich Mahabir mit der heiligen Asche des Opferfeuers ein. Zehn weitere solcher Dhunis brennen in unmittelbarer Nähe. Eine ungewöhnliche Stimmung liegt in der Luft: Heute ist Shivaratri, eines der bedeutendsten Feste in Nepal. In der Nacht des Neumondes, im hinduistischen Monat Falgun, beginnen die heiligen Männer ihre Götter zu ehren. Die Tschillim Shivas wandert von Hand zu Hand. Tief inhalieren die Sadhus den Rauch der Haschischpfeife, verfallen in Trance, lösen sich von ihrem Körper. Es ist das mehrmals täglich zelebrierte Ritual: Dem rationalen Geist zu entsagen überwindet die Hindernisse auf dem Weg zur spirituellen Erleuchtung.

Eine Gruppe hell gekleideter Sadhus formiert sich um eines der Feuer. Ihre weißen Umhänge implizieren Reinheit, oft getragen von den Anhängern der Vaishnava-Sekte. Die Männer kommen aus Indien, haben die Strapazen des weiten Weges auf sich genommen. In vollgestopften Bussen sind sie seit vier Tagen ununterbrochen auf der Reise.

Die wenigen weiblichen Sadhus, Sadhvis, halten sich bedeckt im Hintergrund. Außerhalb dieses umfriedeten Hofes bietet sich mir ein komplett neues Bild. Tausende von Pilgern laufen die Parikrama um die elf weißen Chaityas, in denen sich jeweils ein Schrein Shivas befindet. Fuß an Fuß schiebt sich eine schier endlose Menschenkette über die Brücke auf das Westufer der Bagmati. Frauen, eingehüllt in schön schillernden, feingewebten Stoffen, leuchten wie bunte Lichter aus der Masse heraus. Kinder versuchen die Wege durch waghalsige Kletteraktionen an den Tempelmauern abzukürzen. Wachsoldaten haben alle Mühe, den Überblick zu behalten.

Trommelschläge der Damaru holen mich in den Kreis der Sadhus zurück. Der dumpfe Klang einer Nag-Phani – das Kriegshorn Shivas – hallt an den Wänden der Hofmauern wieder. Oder war es die Shank, das Muschelhorn der Vishnuanhänger?

Wilde Gestalten, nur in Asche gekleidet, bewegen sich langsam im Rhythmus der Musik. Die Luft reizt zum Husten, ist grau gefärbt vom Rauch der Feuer. Ich werde Zeuge der rituellen Reinigung der Asketen. In der Hitze ihrer Opferflammen wollen sie ihr eigenes Karma verbrennen und so den Kreislauf der endlosen Wiedergeburten durchbrechen. Unbeweglich sitzen sie in meditativer Haltung, um den Geist heimzubringen, ihn zu zähmen. Scharf zeichnen sich die hellen Körper der Männer gegen ihre langen verfilzten Haare ab. Stundenlang verharren die Sadhus in der glühenden Mittagssonne in Yoga-Positionen, die dem Ungeübten körperliche Schmerzen bereiten müßten. Damit beweisen sie Kontrolle über den vergänglichen Körper: In ihren Gesichtern ist keine Gefühlsregung sichtbar.

Stunden später: Gläubige bringen Essen, versorgen die heiligen Männer. Segnend teilen die älteren Sadhus die Spenden unter ihren Schülern aus. Als Gurus sind sie für die Jungen verantwortlich. Auch ich werde eingeladen, am Mahl teilzunehmen.

Augenblicke der Verständigung: Ruhig verfolgen mich Hanuman-Babas Augen, als ich ihm mein Anliegen vortrage, ihn bei seiner Pilgerreise durch West-Nepal zum Hinduheiligtum Muktinath begleiten zu dürfen. – Und tatsächlich, die Sterne stehen günstig: »Eye of Rudra!« sagt Hanuman-Baba, schenkt mir eine Rudraksha und willigt ein. Der murmelgroße Samenkern, das dritte Auge Shivas, wird uns auf dem Weg schützen. Ein Licht funkelt in den Augen des alten Sadhus, als er mir segnend seine faltige Hand auf die Stirn legt. Mahabir und Muni werden uns begleiten.

»Du bist Atman! Du bist Brahman! Du hast dir selbst zu entsagen! Du hast der Welt entsagt! Du wünscht hinfort nichts mehr für dich, denn dein Selbst gehört dem Willen Gottes! Du lebst von nun an im göttlichen Bewusstsein!«

Weiß ist die Reinheit, rot das Feuer, gelb ist die Sonne: Anhänger der Vaishnava-Sekte würdigen ihren Gott mit aufwendigen Bemalungen. Zwei Linien in U-Form symbolisieren den Fußabtritt Ramas, eine rote Linie oder ein Punkt ist Sita.

Rot wie Opferblut: Das spirituelle dritte Auge Shivas leuchtet auf der Stirn von Kapali-Das. Als »Reinkarnation« ihres Gottes bemalen sich die Yogis mit waagrechten Streifen auf der Stirn.

Der Guru Hanuman-Baba und seine Chelas Paltu-Das und Subo-Das.

Der Guru muss seinen Schüler beschützen, ihn ernähren, unterrichten, ist Lehrer und Vater in einer Person. Der Schüler (Chela) muss seinem Lehrer ergeben dienen. Nach der Initiation werden sie selbst zu Gurus werden.

Nur Rama, der Held des Ramayanaepos, war in der Lage den Bogen Shivas zu spannen – eine Tat, zu der kein Sterblicher fähig war. So erhielt er Sita als Gemahlin. Shiva, aus dessen aufgetürmten Haarknoten der Ganges entspringt, thront auf seinem Sitz, dem heiligen Berg Mt. Kailash.

Rama Krishna-Das wird in Pashupatinath als Heiliger verehrt. Seit 20 Jahren ernährt sich der 70 Jahre alte Milk-Baba ausschließlich von Milch und Obst.

Nagas (Schlangen) werden als göttliche Wesen angesehen, als Zeichen von Wasser und Fruchtbarkeit. Nagar-Wanderstäbe sind unter Sadhus sehr begehrt, als Schlangenpaare (Nagar-Nagini) sieht man sie selten.

Rechte Seite: Der Schotte Yajanang-Dasa ist seit 25 Jahren als Krishna-Jünger auf Pilgerreise in Asien. Auch er trägt eine »Nagar«-Wurzelschlange um seinen Pilgerstab.

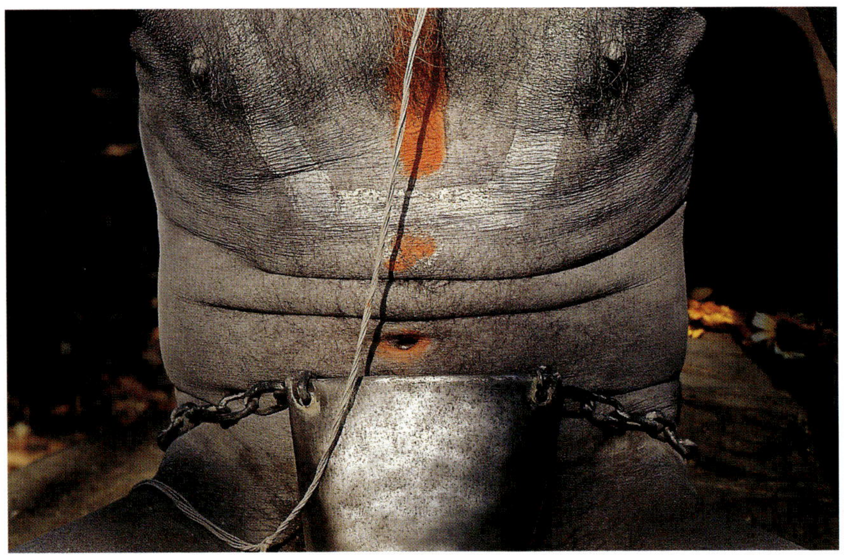

Extreme asketische Übungen oder Keuschheitsgürtel sollen helfen, sexuelle Triebe in spirituelle Energien umzuwandeln.

Rechte Seite: Der Trishul ist Shivas Standarte und Waffe.

Mit Blumen, Reis und Wasser wird der Lingam von Hindus als phallisches Symbol Shivas verehrt. Aus einer Yoni ragend ist er überall in Pashupatinath zu finden.
Rechte Seite: Der Sadhuschüler Magala-Das in einem der Chaityas am Surya Ghat.

Feuer ist die Stätte der Weisheit und für Asketen zugleich Haus und Tempel.

 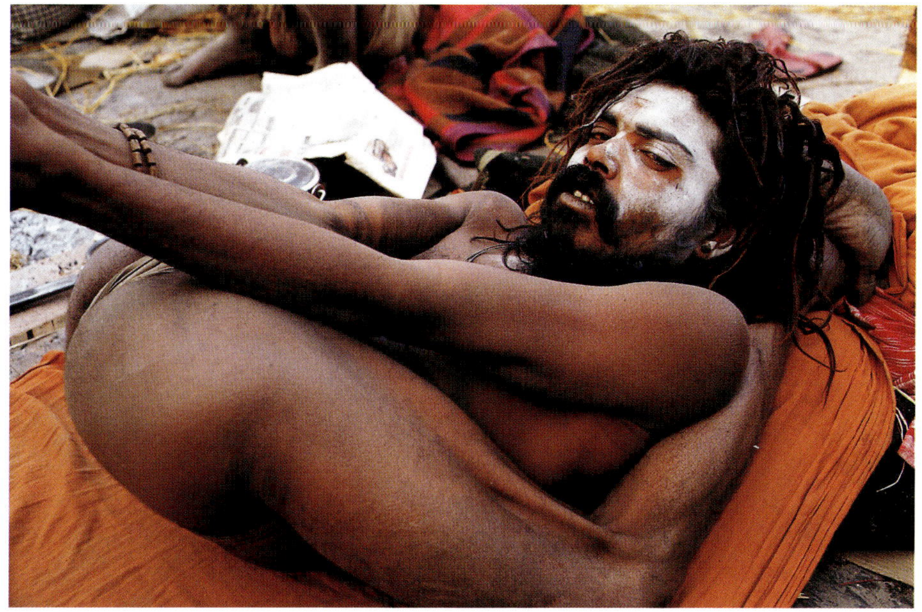

Beim Rauchen von Ganja und beim Praktizieren von Yoga löst der Shiva-Sadhu den Geist von seinem vergänglichen Körper. Die Beine hinter dem Kopf verschränkt und die Arme zusammengepresst, verharrt er in Gorbassni, der Embryonalstellung.

Weit aus Indien pilgerte die 62 Jahre alte Muka-Das-Mai mit ihrem Sohn Chandan-Das nach Pashupatinath.
Weibliche Sadhus (Sadhvis) sind gegenüberden Männern eindeutig in der Minderheit.

»Reich wird man erst durch Dinge, die man nicht begehrt.« MAHATMA GANDHI
Morgenstimmung am Shivaratri-Fest.

»Wer andere erkennt, ist gelehrt
Wer sich selbst erkennt, ist weise
Wer andere besiegt, hat Muskelkräfte
Wer sich selbst besiegt, ist stark.«
LAOTSE

Kali Gandaki – Pilgerreise durch die tiefste Schlucht der Welt

Träge schwingt die Hängebrücke unter unseren Füßen, verschwimmen die Berge schemenhaft im Morgendunst. Wir marschieren schweigend. Jeder hängt seinen Gedanken nach, riecht die gute Luft, atmet sie tief ein. Der 1600 Meter steile Abstieg vom Ghorepani-Pass in das Tal des Kali Gandaki steckt uns in den Beinen. Unser Ziel: Tatopani.

Mahabir-Baba.
Rechte Seite: Pilger auf dem Weg nach Muktinath.

Während wir weiter absteigen, lasse ich meinen Gedanken freien Lauf. Gestern abend hatte Muni-Baba mit seiner Feuerzange immer wieder die wärmende Glut im Lagerfeuer geschürt. Zuvor war der Lagerplatz sorgfältig von ihm ausgewählt worden: Stets müssen die Ruhestätten frisch und unberührt sein – Vorzeichen eines vergangenen Lagerfeuers wären ein unannehmbarer Makel. Auch bei den Essensvorbereitungen ist äußerste Reinlichkeit Pflicht. Am offenen Feuer sind die Sadhus wahre Meisterköche, das Ergebnis ist immer schmackhaft.

Leise knisterte das Feuer, warf bizarre Schatten auf die Felswände. Hanumans Mantras gaben mir den Schlaf tiefster Geborgenheit. Der Sonnenaufgang am Ghorepani-Pass war ein Rausch der Farben: Weiß hob sich der Schneegipfel des Dhaulagiris am azurblauen Himmel ab, feuerrot spielten die Blüten der Rhododendronbäume im Wind. Faszination Nepal.

»Tatopani!« Die Augen von Mahabir-Baba leuchten. Der Abstieg hat ein Ende gefunden. Erschöpft erreichen wir die heißen Quellen von Tatopani, springen lachend in die Wasserbekken, die diesen Ort berühmt gemacht haben. Mit Tatopani betreten wir auch einen der ältesten Handelswege Nepals. Seit Jahrhunderten zogen Maultier-, Yak- und Trägerkarawanen durch das Kali Gandaki-Tal, wurde Salz aus Tibet gegen Reis aus Nepal getauscht. Das Volk der Thakalis hatte ein Monopol darauf, aber seit der Besetzung Tibets durch China und der damit verbundenen Schließung der Grenzen im Jahr 1959 ist der Handel völlig zum Erliegen gekommen.

Eben noch im erfrischenden Bad, reibt sich Mahabir jetzt seinen Körper mit Asche ein, malt sich sorgfältig die Zeichen Vishus auf die Stirn. Im Klang seines Muschelhorns folgen wir dem Flußlauf des Kali Gandaki. »Namaste«: Der Gruß der Pilger erfüllt den Hof des Shiva-Tempels von Dhana. Begrüßung und Abschied sind in Nepal eins: »Namaste – ich erkenne das göttliche Licht in dir«. Der Weg im Tal des Kali Gandakis ist gesäumt von Pilgerunterkünften. Kostenlos erhalten die Wanderer einen Schlafplatz, Tee und Essen, stärken sich für den folgenden Tag. In vier Nächten ist Vollmondfest in Muktinath. Hunderte von Pilgern teilen sich den Tempelhof mit uns: Sadhus aus Indien, Bauern aus dem Terrai, reiche Geschäftsleuten aus Kathmandu. Tief vergrabe ich mich in meinem Schlafsack, fühle mich warm und frei, lese im Schein meiner Taschenlampe Swarupanandas Worte: »Sei voll Hoffnung, sei kühn und fröhlich! Meditiere, verwirkliche und erkenne: Du warst von Anfang an frei und voll Glück!«

Kagbeni, auf 2800 Meter Höhe: Gebetsfahnen, Mani-Mauern, Chörten, die Aura des tibetischen Buddhismus. Der Kali Gandaki hat sich ausgebreitet. Ab hier weht mittags oft ein orkanstarker Wind, zieht die kühle tibetische Hochebene wie ein Staubsauger die warmen Luftmassen aus Indien an. Hanuman-Baba ist erschöpft. Auf seinen Trishul gestützt, folgt er mit den Augen dem endlosen Pfad hinauf nach Muktinath.

Die heißen Quellen von Tatopani. Eine willkommene Rast zur Körperpflege. Hanuman-Baba trocknet seine Haare am heißen Stein.
Linke Seite: Rhododendronwälder am Ghorepani-Paß. Stolz prangt der majestätische Dhaulagiri (8167m) am Horizont.

Muni-Baba reinigt das Lagerfeuer mit seiner Chimta, der Feuerzange.

Bei zehn Tschillims am Tag vergisst der beste Sadhu seinen Muskelkater!

»Durchschaut man die Nachteile des Seins in Kreislauf,
verliert man Interesse an ihm, und damit entsteht der Wunsch nach Befreiung.«
14. Dalai Lama

Zum Vollmondfest im Frühjahr strömen Tausende von Pilgern das Kali Gandaki-Tal hinauf nach Muktinath. Mit gemeinsamer Kraft versuchen Jung und Alt die »erlösende Quelle« zu erreichen. Das stärkende Dalbat darf dabei nicht fehlen.
Linke Seite: Große Pilgerfamilien, große Töpfe.

»Die Natur des Geistes bildet den Hintergrund für die Gesamtheit von Leben und Tod – wie der Himmel, der das ganze Universum hält.«
Sogyal Rinpoche

Das breite Flussbett des Kali Gandaki bei Eklaibatti

»Wie sieht die Natur des Geistes aus? Stellen sie sich den Himmel vor: leer, weit und rein von Anbeginn – so ist ihre Essenz. Stellen Sie sich die Sonne vor: strahlend, klar, ungehindert und unmittelbar präsent – so ist ihre Natur.«
SOGYAL RINPOCHE

Das West-Tal der Kali Gandaki-Schlucht mit Dhaulagiri und Tukche Peak.

Die dünne Luft verlangsamt den langen und steilen Weg hinauf nach Muktinath.

Ein Blick zurück eröffnet dem Betrachter die Schönheiten der kleinen Bergoase Kagbeni.

Muktinath – Wo Shiva auf Buddha trifft

Was immer an Freude ist in der Welt,
entspricht dem Wunsch für das Glück aller anderen;
und was immer an Leiden ist in der Welt,
entspricht dem Wunsch nach nur eigenem Glück.

SHANTIDEVA

Der Tempel von Lo Mantang

»Muktikshetra!« Mit glänzenden Augen betreten Hanuman-, Mahabir und Muni-Baba den Pappelhain von Muktinath.

»Om namah Shivaya«, ihr Shiva-Mantra durchflutet den Äther. Nach drei Wochen Wanderung sind sie am Ziel ihrer Pilgerreise angekommen.

Muktikshetra, »Ort der Erlösung«: Die Tibeter nennen ihn Chumig Ghyatsa, »den großen heiligen Ort der 108 Wasserquellen«. Denn das Durchschreiten der 108 wasserspeienden Kuhköpfe verspricht den Pilgern ein sakrales Bad der Reinigung, das Freiwaschen von negativem Karma und den Austritt aus dem ewigen Kreislauf der Wiedergeburten. Vajraiana-Buddhisten erhoffen sich Bodhisattva-Tugend sogar schon nach einem Tag Aufenthalt. Zentraler Bestandteil der Badeanlage ist der Hindutempel Vishnu Mandir, in dem Vishnu und dessen achte Inkarnation, Bodhisattva Avalokiteshvara, angebetet wird. An kaum einem anderen Ort erlebt man die Verschmelzung des hinduistischen und buddhistischen Götterpantheon eindringlicher als hier in Muktinath.
Nur einen Steinwurf entfernt liegt die wesentliche Attraktion, das Nyinmapa Kloster »des heiligen Feuers«. Brahman soll hier vor über tausend Jahren zwei unvereinbare Elemente miteinander verbunden haben, indem er Feuer auf einer Quelle entzündete. Somit entstand ein einmaliger Ort der fünf Elemente, wiederspiegelnd in den Gebetsfahnen, deren fünf verschiedene Farben Wasser (blau), Feuer (rot), Erde (gelb), Luft (grün) und Äther (weiß) symbolisieren. Im Zentrum der Fahnen steht das tibetische Glückssymbol des Windpferdes, umgeben von dem Text des Mantras der allumfassenden Liebe: »Ein(e) jede(r), geboren unter den zwölf Zeichen des Sternenhimmels, und ein(e) jede(r), mit ihnen in Beziehung stehend, mit ihnen verwandt oder verbunden: mögen alle ein langes Leben erfahren.Möge da immer eine heilsame Entwicklung sein, sowohl auf den Wegen der spirituellen Entwicklung als auch in materiellen Lebensgrundlagen. Mögen alle eine authentische Gegenwärtigkeit leben, in Würde, ausgestattet mit glücklichen Umständen und so ein Leben in Harmonie verbringen, in dem diese Wünsche sich erfüllen.« – Verheißungsvoller kann unser Abschied nicht sein. Segnend legen mir die Sadhus ihre Hand auf meine Stirn. »Sita Ram«: Dankbarkeit durchflutet meine Seele.

Der Kali Gandaki ruft. Seinem Flußlauf folgend wandere ich ins Reich des Sakyapa-Buddhismus, folge dem Ruf des geheimnisvollen Königreich Lo Mantang.

»Im Namen Shivas, des Zerstöreres allen Unwissens. Er ist der Vater der Liebe, Herrscher im Reiche der Götter!« OM NAMAH SHIVAYA

Sadhu im Shiva Mandir in Muktinath, segnend legt er seine Hand um den Schrein-Lingam, dem Symbol Shivas.

»Wissen ist gehäufte Erfahrung, aber es ist kein Erleben,
es verhindert im Gegenteil alles Erleben.«
KRISHNAMURTI

In der Gompa des heiligen Feuers kniet Hannuman-Baba andächtig vor der Öffnung der »ewigen Flamme« von Muktinath, bewacht von den Bodhisattvas Manjushri (Weisheit) und Avalokiteshvara (grenzenloses Mitgefühl).

Im reinigenden Bad der 108 Wasserspender versinken die Sadhus in Nepals Götterwelt. Sie sind am Ziel.

»Wahrheit ist nicht das ›Seiende‹, aber die Erkenntnis des ›Seienden‹ öffnet das Tor zur Wahrheit.«
KRISHNAMURTI

»Die Lehren sagen uns deutlich, was zu erkennen ist, aber trotzdem müssen wir uns höchstpersönlich auf die Reise machen, damit es unsere Erkenntnis wird. Auf dieser Reise mögen uns Leiden, Schwierigkeiten, Zweifel und Misstrauen begegnen. All diese Widrigkeiten aber werden zu unserem größten Lehrmeister. Denn nur durch sie werden wir demütig und lernen, unsere Grenzen zu akzeptieren.«

Sogyal Rinpoche

Begegnungen – Im Land der Lopas

»Gawa Jogpa, Gawa Jogpa!« Müde blicke ich hinter mich. »Gawa Jogpa!« Das Lachen einer Lopafrau löst meine Anspannung auf, läßt die heutigen Passüberquerungen vergessen. In ihren Händen zwei Saligrame, stumme Zeugen der Entstehungsgeschichte des Himalayas. Die pechschwarze Versteinerungen der prähistorischen Meeresschnecken sollen einen Käufer finden. Buddhisten benennen sie nach ihrer Schlangengottheit Gawa Jogpa, Hindus sehen in ihnen das Antlitz Vishnus, Sadhus das dritte Auge Shivas.

Mein Begleiter Karma Gyalgen Sherpa.
Rechte Seite: Chörtenlandschaft in Tangbe.

Die Steine wechseln den Besitzer, Karma drängt zum Aufbruch. Mit schweren Beinen verlassen wir Tsarang, wollen am Abend noch Lo Mantang erreichen.

Vier Tage Wanderung im Land der Lopas liegen hinter uns. Karma hatte ich vor einer Woche im Hof der Kagbeni-Gompa kennengelernt. Am Eingang des Dukhang, dem Hauptgebetsraum, betrachtete ich die Wandmalerei des Lebensrads. »Das ist Yama, der Richter der Toten.« Weich und bestimmt klang seine Stimme, während Karma fortfuhr, »aber nicht er, sondern wir werden unser eigener Richter sein im Tod!« Seine wachen Augen drückten eine große Gelassenheit aus, als er sagte: »Ich heiße Karma Gyalgen und bin auf dem Weg nach Lo Mantang. Und du?«

Karma war 27 Jahre alt und Novize im Gelugpa Kloster Kopan bei Bodnath. Als junger Mann verließ er seine Mönchsgemeinschaft. Er hatte sich für einen »Mittleren Weg« entschieden und eine Familie gegründet. Aber den Weg des Dharma hatte er deshalb nicht verlassen, und der Wunsch nach einem spirituellen Wachstum führte ihn nun nach Lo Mantang: Er wollte das Teji-Fest in der Stadt Lo besuchen.

Wir hatten also ein gemeinsames Ziel: Ab Kagbeni betraten wir den Distrikt »upper Mustang« – ein Sperrgebiet, für das eine Sondergenehmigung erforderlich ist. Hier beginnt das Königreich von Lo Mantang, das Reich der Menschen von Lo! Sie gehören ethnisch zu den Bhotias, den Tibetern.

Die Landschaft von Lo gleicht der tibetischen Hochebene. Endlose Weite, vereinzelte Oasen. Das kräftige Grün der Gerstenfelder steht im satten Kontrast zur ockerfarbenen Hochwüste. Mustang-Chörten säumen den Weg – einzigartig mit Sonnendach und den drei Sakyafarben graublau für Vajrapani, den Diamantträger; weiß für Avalokiteshvara, den Bodhisattva des Mitgefühls; rot für Manjusri, den Buddha der Weisheit. Tief unterhalb zieht der Kali Gandaki seine Wege.

Mühsam schleppen wir uns dem letzten Pass entgegen, und die Gegenwart holt mich ein. Die Zeit scheint still zu stehen, doch da tauchen auf einmal am Horizont die Silhouetten der ersten Gebetsfahnen des Lo-La auf, des Pass' der Winde. Minuten später fallen wir uns in die Arme. Unser Blick fällt auf die »Ebene der Sehnsucht«: Weiß heben sich die Wehrmauern der Stadtburg Lo Mantang von den grünen Gerstenfeldern ab. Deutlich zu erkennen sind die roten Lehmbauten der rund 500 Jahre alten Sakyapa-Klöster Thubchen-, Jampa- und Chöde Lakhang. Wir steigen ab in das Reich des tibetischen Tantrismus'. Largyalo – die Götter werden siegen!

Die landschaftlichen Kontraste Mustangs sind berauschend.
Dazu gehören auch die frühgeschichtlichen Höhlen vom Pyon Khola-Tal
oder die Sandsteinformationen bei Chusang (*linke Seite*).

Die achtfache Stupa im Ortsausgang von Tangye: Sinnbild der acht wichtigen Lebensstationen des Buddha und des edlen achtfachen Pfads der vollkommenen Erkenntnis, der Rede, Anstrengung, der Achtsamkeit und Sammlung, des vollkommenen Entschlusses, des Lebenserwerbs und des vollkommenen Handelns.

»Wenn wir im täglichen Leben lächeln, friedfertig und glücklich sind, hilft das nicht bloß uns, sondern allen.
Wenn wir wirklich wissen, was Leben heißt, können wir den Tag kaum besser als mit einem Lächeln beginnen, nicht wahr?
Unser Lächeln bestärkt uns in der Bewusstheit und im Entschluss, in Frieden und Freude zu leben.
Die Quelle eines wahren Lächelns ist ein erwachter Geist.«

THICH NHAT HANH

Die »Mustang-Chörten« mit ihrem Regen und Schnee abhaltenden Schutzdach sind charakteristisch für die Sakyapa-Baukunst der Stupas von Lo.

In den drei Farben der Sakyapa Chörten spiegelt sich die Trikaya des Buddhismus wieder: grau für den Geist, weiß für den Körper, rot für die Lehre Buddhas. Das Durchschreiten einer Tor-Chörte verinnerlicht die Buddhaessenz.

Padmasambhava soll hinter dem Ort Ghemi die Gedärme eines Dämons in die längste Mani-Mauer des Himalayas verwandelt haben, deren Mani-Steine nicht aufgeschichtet, sondern sorgfältig senkrecht eingezapft sind.

Mani-Steine: Ausdruck tiefen Glaubens und hingebungsvoller Demut.
Als Grundmotiv dient oft das Urmantra des tibetischen Buddhismus: »Om Mani Peme Hung« –
»Om, Juwel im Lotus«, die Anrufungsformel des Bodhisattvas Avalokiteshvara.

Große Mönchgemeinschaften, wie man sie von Tibet oder Ladakh kennt, findet man in Mustang nur noch hier in Tsarang und im Chöde Lakhang der Stadt Lo Mantang.

Zeugen der Vergänglichkeit: alternde Gebetszylinder und Tsatsas – Votivdarstellungen von Bodhisattvas oder Stupas –, hergestellt aus Lehm und der Asche von Verstorbenen.

»Die Lehre des Buddha ist,
dass ich mein eigener Meister bin
und alles von mir selbst abhängt.«

DER 14. DALAI LAMA

Lo Mantang – Ebene der Sehnsucht

Jugend und Weisheit: Die kleine Dolma Pema (oben) und Jigme Palbar Tandul, König von Mustang (rechte Seite).

Tief hängen die Monsunwolken über Lo Mantang. Dankbar begrüßen die Lopas die ersten Regentropfen in diesem Jahr, während zugleich die letzten Sonnenstrahlen ihren Weg durch die pralle Wolkendecke finden: Die Bergkulisse Lo Mantangs verführt unsere Sinne. Im harten Kontrast heben sich die beleuchtete Wehrmauer und die hellen Bergketten vom lapuslazuliblauen Gewitterhimmel ab, als eine Erscheinung die Menschen zum verstummen bringt: Segnend legt sich ein gewaltiger Regenbogen über die Stadt.

»Ein Regenbogen ist für uns Buddhisten ein glückverheißendes Symbol. Er ist wohlwollend für das Auge und die Seele, für unsere Ernte und heilsam für alle fühlenden Wesen. Er erscheint an sehr besonderen Tagen, kündigt die Geburt eines Tulkus oder einer Reinkarnation an, oder, wie heute, den Festtag von Lo Mantang«: Sanft spüre ich die Hand von Jigme Palbar Tandul auf meinen Schultern. »Lass uns gehen«, sagt er, »die Mönche werden nicht auf uns warten.« Als König ist er zwar nicht mehr der Herrscher über ein unabhängiges Königreich Mustang, aber er hat immer noch die Stellung eines Rajas und wird vom Volk ebenso geschätzt wie verehrt.

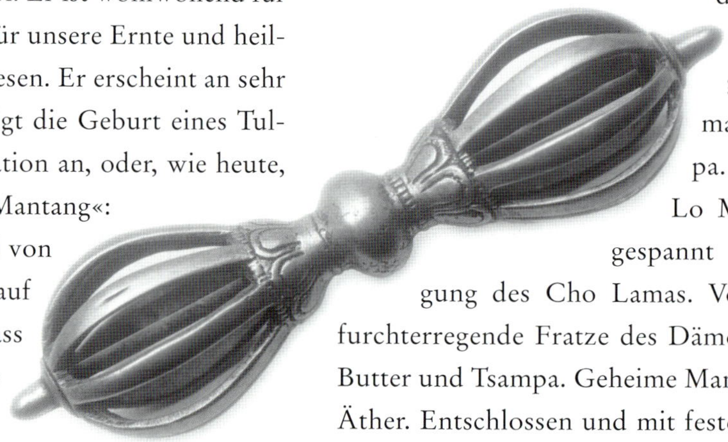

Zweimal im Jahr zelebrieren die Mönche der Chöde Gompa das Teji-Fest. Heute, mitten im Juli, findet das zweite, kleinere Lama-Tanz-Festival statt. Es ist ein sich jährlich wiederholendes Ritual und ein ganz besonderer Tag für die Bewohner der Stadt Lo Mantang: Der Dämon Chhawk soll aus der Stadt getrieben und zerstört werden. Der Cho Lama, ein in Geheimritualen ausgebildeter Mönch des Chöde Klosters, versenkt sich hierfür meditativ in die Gestalt des Vajrapani. Rechts den Donnerkeil haltend, das Symbol der Unzerstörbarkeit und Methode, betritt er in einem blauen Brokatgewand den Innenhof der Klosteranlage. Durchdringend laut lassen die Mönche die Randongs erklingen, dumpf hallen die Trommelschläge in den Innenmauern der Gompa. Die Bewohner Lo Mantangs starren gespannt auf jede Bewegung des Cho Lamas. Vor ihm liegt die furchterregende Fratze des Dämons, geformt aus Butter und Tsampa. Geheime Mantras erfüllen den Äther. Entschlossen und mit fester Hand zerreißt der Lama mit seinem Donnerkeil die Gestalt Chawks in Stücke. Das Unheil ist gebannt. Aufatmen.

Die Sonne versinkt am Horizont. Buddhas Worte spiegeln sich im Glanz der Sakyafarben:

»Wir sind, was wir denken«.

Der Eintritt in die Geschichte Lo Mantangs begann mit dem Gründer und König Amepal (um 1400). Sein großer Verdienst war es, den genialen tibetischen Sakya-Gelehrten und Schüler Tsong Khapa, Ngorchen Künga Zangpo, nach Mustang einzuladen. Ihre spirituelle Energie spiegelt sich noch heute unverändert in der sakralen Architektur Lo Mantangs wider. *Rechte Seite*: Form und Geist – die Schlichtheit alter Gebetszylinder in den Gassen von Lo.

Jampa Gompa, der dreigeschossige Tempel des Maitreya, des Buddhas der Zukunft. Die prachtvoll geschnitzten Mantras der Kapitelle stützen die umlaufende Kolonnade.

Südlich des Maitreya Tempels befindet sich der Thubchen Lakhang, »der Palast des großen siegreichen Buddha Shakyamuni«. Im Eingangsbereich thronen die gewaltigen, über fünf Meter hohen, Lokapalas, die vier Weltenhüter der vier Himmelsrichtungen. Sie sind die Schützer des heiligen Ortes des Dharma.

Die Wandmalereinen und die Innengestaltung des Thubchen Lakhang sind von unfassbarer Schönheit, nur vergleichbar mit Alchi in Ladakh und dem westtibetischen Tsaparang. Kostbarste Farbpikmente, Lapislazuli und reines Gold geben den Wandgemälden seit mehr als 500 Jahren eine unfassbare Leuchtkraft und Würde.

(Ich danke König Tandul für seine Güte, diese Bilder fotografieren zu dürfen, denn für die Gompas Lo Mantangs herrscht ansonsten ein absolutes Kameraverbot.)

Avalokiteshvara, die Bronzestatue des Buddha Shakyamuni
(tib. »Sha-kya Thub-pa«), Manjushri und Padmasambhava wachen in acht Meter Höhe
an der Wand des Thubchen Lakhang.

Teji-Fest im Chöde Lakhang. Im transzendenten Tanz und Klang der Handtrommeln
beschwören die Mönche die Allgegenwärtigkeit von Vajrapani.

»Unsere tiefsten Ängste sind wie Drachen, die unsere größten Schätze bewachen.« RAINER MARIA RILKE
Drei Mara-Ruta-Beschützer bewachen die Zerstörung des Dämon Chhawk vor den Toren Lo Mantangs.

Wenn der Eisenvogel fliegt,…

Kathmandu, Tribruvan-Airport. »Die Flugzeit nach Frankfurt beträgt neun Stunden und 30 Minuten«: Sanft hebt der Airbus von der Startbahn ab. Minuten später ein letzer Blick auf Annpurna und Dhaulagiri. »Im Alltag muss unsere Seele weit und offen sein, wir Tibeter nennen das Rigpa – die Natur des Geistes«: Karmas Abschiedsworte klingen in mir nach. Wie oft sprach er davon, dass die Fähigkeit, in Frieden mit anderen Menschen und der Welt zu leben, weitgehend von der Fähigkeit abhänge, im Frieden mit sich selbst zu leben.

Ich erinnere mich auch der Worte Gylong Urgen Palsang Rinpoches vom Niymapa-Kloster in Marpha: »Alles ist in Veränderung – nichts ist permanent. Das ist das einzige kosmische Gesetz, an das wir Tibeter glauben.« Wie wahr! Langsam und stetig treiben die Chinesen eine Straße vom Norden nach Lo Mantang. Lastwagenkolonnen werden jeglichen ersehnten Luxus in das einst so abgelegene, unwirtliche Land der Lopas bringen. Neue, für die Menschen aus Lo Mantang unbekannte Dämonen werden über das Land kommen. Ein Gefühl kultureller Minderwertigkeit wird sich ebenso rasch einstellen, wie ich es in Ladakh und Zanskar oft miterleben musste. Fastfood und MTV heißen die neuen Götzen, Profitgier vergiftet das Denken. Die Dörfer und Gompas von Lo werden wie die Landstriche im benachbarten Dolpo verwaisen, und die Jugend auf der Suche nach dem schnellen Geld wird nach Kathmandu aufbrechen: Samsara der freien Martwirtschaft. Aber auch wir haben daran unseren Anteil, transportieren diese Entwicklung auf unseren eigenen Fußsohlen in die Welt. Was hatte mir die 19 Jahre alte Nonne Ani Gurung aus Muktinath erst vor kurzem zugeflüstert? »Im nächsten Leben will ich am liebsten als ›Tourist‹ wiedergeboren werden.« Ich lese in einem Buch von Sogyal Rinpoche: »Die moderne Industriegesellschaft ist eine fanatische Religion. Wir demolieren, vergiften und zerstören alle Lebenssysteme auf diesem Planeten. Wir zeichnen Schuldscheine, die unsere Kinder nicht werden einlösen können. Wir handeln, als seien wir die letzte Generation auf diesem Planeten. Ohne einen radikalen Wandel in unserem Herzen, in unserem Geist und in unseren Visionen wird die Erde enden wie die Venus: tot und verkohlt.« – »Noch etwas Tee?« Die Frage der Stewardess reißt mich aus meinen Gedanken. Wir rasen dem Westen entgegen. Hatte nicht Padmasambhava vor 1200 Jahren prophezeit, dass, »wenn der Eisenvogel fliegt und die Pferde auf Rädern rollen, die Tibeter wie Ameisen ihr Heimat verlassen müssen und die Herzen des Westen offen sein werden für den Buddhismus?«

Pilger in der Kali Gandaki-Schlucht
Linke Seite: Karma im Tserang-Lakhang.

Lektorat: Robert Fischer
Bildredaktion: Dieter Glogowski
Gestaltung: Albrecht Haag, Darmstadt

Alle Fotos von Dieter Glogowski,
außer S. 34 (Mani Lama, Kathmandu),
S.134 (Nepa Map, Kathmandu)

Übersichtskarte: Elsner & Schichor, Karlsruhe

Literatur und Qellenhinweise: Sogyal Rinpoche, Das tibetische Buch vom Leben und Sterben, Bern/München/Wien 1994; ders., Funken der Erleuchtung Bern/München/Wien 1998; Stephanie Faber, Tibetisches Tagebuch, München 1996; Krishnamurti, Jenseits der Gewalt, Frankfurt/M. 1979; Der 14. Dalai Lama, Worte der Hinwendung, Freiburg 1993; Gautama Buddha, Worte der Stille, Freiburg 1994; Thi Nhat Hana, Worte der Achtsamkeit, Freiburg 1997; Ramakrishna, Worte ewiger Harmonie, Freiburg 1998; Mahatma Ghandi, Worte des Friedens, Freiburg 1984; Ulrich Wiesner, Nepal, Köln 1997; Claus-Peter Bach, Mustang, Wiesbaden 1993; Michael Henss, Mustang, Ulm 1993; Swarupananda, Indien – Geheimnis und Mysterium, Winterthur 1995

Informationen und Tourneeplan zur Dia-Show »Wo Shiva auf Buddha trifft« finden Sie unter: www.dieter-glogowski.de

Die Panoramaaufnahmen entstanden mit der Hasselblad XPan.

Danksagung

Ich bedanke mich bei meinen Fotoassistenten Heidrun Buchmaier, Annette Jungmichel, Steffi Weitzel und Tobias Hauser für ihre loyale Unterstützung sowie bei Hannelore Wenderoth und Robert Fischer für die redaktionelle Betreuung.

Meinem Freund Albrecht Haag gilt ein ganz besonderer Dank für die grafische Umsetzung dieses Buches, ebenso meinem nepalischen Guide Shiva Kumar Shrestha, der mir sein Land auf so liebevolle Weise näher gebracht hat, und meinem spirituellen Lehrer Sogyal Rinpoche, dessen Rat und Nähe mich stets begleitet haben.
Manfred Hell danke ich für seine Loyalität.

Für meine Mutter, Anke und alle meine Freunde.

Gedruckt auf chlorfrei gebleichtem Papier

Die Deutsche Bibliothek – CIP-Einheitsaufnahme
Ein Titelsatz für diese Publikation ist bei Der Deutschen Bibliothek erhältlich.

Gesamtverzeichnis gratis:
Bruckmann Verlag,
Nymphenburger Straße 86,
80636 München
Internet: www.bruckmann.de

Printed in Printer Trento S.r.l.
ISBN 3-7679-3540-6